Peter Höfl

Nudging

Wer stupst hier und warum?

Peter Höfl

Nudging

Wer stupst hier und warum?

1. Auflage

Bibliografische Information der Deutschen Nationalbibliothek:
Die Deutsche Nationalbibliothek verzeichnet diese Publikation in der
Deutschen Nationalbibliografie; detaillierte bibliografische Daten sind im
Internet über http://dnb.dnb.de abrufbar.

1. Auflage, April 2023
© 2023 Peter Höfl, Grafenau

Bildnachweis:
© Peter Höfl

Herstellung und Verlag: BoD - Books on Demand, Norderstedt

ISBN 978-3-752810-39-4

Aus Gründen der einfacheren Lesbarkeit wird auf das sogenannte Gendern
verzichtet. Es dürfen sich alle Identitäten angesprochen fühlen.

Inhaltsverzeichnis

Vorwort 2023

Liebe Leserinnen und Leser,

vor Ihnen liegt ein kleines Buch, das auf einer bisher unveröffentlichten Seminararbeit von mir beruht. Ich habe mich nun zur Publikation entschlossen, da das Thema „Nudging" in regelmäßigen Abständen immer wieder in der Öffentlichkeit und in den Medien auftaucht.

Dass der US-amerikanische Wirtschaftswissenschaftler Richard H. Thaler im Herbst 2017 für seine Arbeiten zur Verhaltensökonomie mit dem Wirtschaftsnobelpreis ausgezeichnet wurde, spielt sicher mit eine Rolle für die andauernde Popularität. Damit hat meine Arbeit an Relevanz gewonnen, in der ich mich bereits 2015 mit Thalers und Sunsteins Konzept der „Anstupser" beschäftigt hatte.

Diesen Text, der während meines Studiums der Volkskunde / Europäische Ethnologie an der Ludwig-Maximilians-Universität in München entstand, habe ich für dieses Buch aus dem Archiv hervorgeholt, aufbereitet und stelle ihn als kleine

Einführung in das Thema auf diesem Weg interessierten Menschen mehr oder weniger unverändert zur Verfügung.

Seit der Entstehung des Textes ist in der Welt viel passiert. Als Beispiel nenne ich nur die Covid-19 Pandemie. In dieser Zeit hat die Politik nicht nur auf sanfte Maßnahmen zur Verhaltenslenkung vertraut. Vielmehr wurde mit teils drastischen und autoritären Verordnungen und Gesetzen politischer Wille durchgesetzt.

Interessant wäre die Frage, welche Rolle Nudges heute überhaupt spielen und wie sie angewendet werden. Die Frage kann meine Arbeit aus der Vergangenheit leider nicht beantworten. Ich freue mich allerdings sehr darüber, wenn es mir gelingt einige Impulse zum Nachdenken zu setzen.

Grafenau, im April 2023   Peter Höfl

Einleitung

2014 suchte das Bundeskanzleramt der Bundesrepublik Deutschland drei Referenten/innen für eine Projektgruppe „wirksam regieren"[1]. Damit ist nun ein Instrument offiziell auch in Deutschland angekommen, das hauptsächlich im angelsächsischen Raum schon länger das Regierungshandeln bereichert: Der **Nudge** (Stupser oder Schubser) wurde um 2008 geprägt und geht zurück auf die gleichnamige Veröffentlichung der Präsidentenberater und US-amerikanischen Professoren Richard Thaler und Cass Sunstein. Dabei geht es darum, das Verhalten von Menschen auf sanfte Art in gewünschte Richtungen zu stupsen, die für das Individuum und die Gesell-schaft vorteilhaft sind. Das dahinterstehende Konzept stammt aus der Verhaltensökonomik und ist grundsätzlich auch in Deutschland nicht so neu. Wir praktizieren es im Alltag bei jedem Besuch im

---

[1] Die Originalanzeige ist nicht mehr verfügbar. Eine Kopie hat in einem privaten Blog überlebt:
https://gesinesjobtipps.wordpress.com/2014/09/01/bundeskanzleramt-3-referentinnen-12-9/

Supermarkt mit seiner ausgeklügelten Präsentation der Waren, den gut überlegten Laufwegen und vielem mehr. Marketing-Strategen wissen schon seit vielen Jahren, dass die Verbraucher keineswegs so rational und vernünftig entscheiden, wie es sich für einen „homo oeconomicus" gehören würde und nutzen die Erkenntnisse erfolgreich zur Steuerung des Konsumverhaltens.

Und jetzt hat also die Politik diese Methode entdeckt, um das Verhalten der Bürger zu lenken. Dass die Politik, der Staat, die Regierenden Einfluss auf das Verhalten der Subjekte nehmen, ist deren Aufgabe und wir sind es – gerade auch in Deutschland – gewohnt, uns souverän durch den Dschungel unzähliger Gesetze, Verordnungen und Vorschriften zu bewegen, die von den verschiedensten Regierungsebenen produziert werden. Das Zustandekommen dieser Spielregeln ist kein großes Geheimnis, denn in aller Regel durchlaufen sie entsprechende Gesetzgebungs-verfahren oder werden in dafür vorgesehenen und autorisierten Gremien erarbeitet. Dass dabei zwar auch nicht immer alles rund läuft und oft genug die Judikative das letzte Wort hat, öffentliche und mediale Diskussionen stören, Lobbyisten Einfluss auf die Inhalte nehmen, lassen wir dabei mal außen vor. Prinzipiell ist das System respektiert und die Konsequenzen bei Nichteinhaltung der Regeln sind von den Regierten akzeptiert. Eine neue Methode der Regierenden, die sich von diesen gewohnten Instrumenten der Machtausübung unterscheidet, macht sich da a priori schon verdächtig, weil sie neu ist. In ihrem mehr oder minder begründeten Misstrauen gegenüber der herrschenden Klasse wittern die Regierten instinktiv deren Versuche, Macht und Kapital zu mehren, zu sichern und die Massen zu manipulieren. Schnell bewegen sich manche medialen Diskurse über Nudges dabei in Sphären von Skepsis, Paranoia und Verschwörungstheorien. Dass man von der Arbeit der installierten Projektgruppe in der Öffentlichkeit wenig wahrnimmt, trägt ebenfalls dazu bei, Zweifel zu fördern. Ganz anders das Beispiel des britischen

BIT[2] mit einer deutlich umfangreicheren Außendarstellung. So oder so: Da Nudges tief in den Alltag der Individuen eingreifen, ist eine unaufgeregte, sachliche und analytische Beschäftigung damit in jedem Fall angebracht, wozu die folgenden Seiten einen unvoreingenommenen Beitrag liefern möchten.

---

[2] BIT = Behavioral Insights Team, ehemalige britische Regierungsorganisation, die mittlerweile eigenständig und international tätig ist. Zu finden unter https://www.bi.team/

Begriffe „Nudge" und „libertärer Paternalismus"

Die ursprüngliche Definition durch die Erfinder Thaler und Sunstein ist ziemlich schnörkellos: „So wie wir den Begriff Nudge verwenden, ist es jeder Aspekt einer Auswahl-Architektur, der das Verhalten von Menschen in vorhersehbarer Weise verändert, ohne Optionen zu verbieten oder ökonomische Anreize wesentlich zu ändern. Um als reiner Stupser zu zählen, muss der Eingriff leicht und billig zu vermeiden sein. Nudges sind keine Vorschriften." (Thaler, Sunstein 2009: 6 übersetzt von Höfl).

Nudges funktionieren als Gestaltungelemente um zielorientierte Entscheidungen und Verhaltenskontexte in Kenntnis menschlicher Verhaltenstendenzen und Heuristiken zu unterstützen (Reisch, Sandrini 2015: 9).

Thaler und Sunstein haben ihre Methode in eine Bewegung eingebettet, für die sie auch eine Bezeichnung kreiert haben: „Libertärer Paternalismus". Als „libertär" verstehen sie an ihrer

Methode, dass die Menschen in ihrer Entscheidung frei sein sollen, das machen können, was sie wollen und sich gegen unerwünschte Regelungen entscheiden können. Dadurch, dass sie den Begriff mit dem Paternalismus verbinden, setzen sie einen Fokus auf das Bewahren der Freiheit. Den „paternalistischen" Aspekt sehen Thaler und Sunstein darin, dass es ihrer Ansicht nach legitim ist, dass die Auswahl-Architekten versuchen das Verhalten der Menschen zu beeinflussen um deren Leben länger, gesünder oder schlichtweg besser zu machen (Thaler, Sunstein 2009: 5).

Sunstein unterscheidet zwischen verschiedenen Spielarten des Paternalismus. Da wäre der Paternalismus der Mittel, der Wege aufzeigt, im Gegensatz zu einem Paternalismus des Ziels oder Zwecks. Eine weitere Unterteilung ist diejenige in einen harten und einen sanften Paternalismus, wobei der sanfte Paternalismus für den Erhalt der Wahlfreiheit steht. (Sunstein 2014: 20). Ein Beispiel für einen harten, zweckorientierten Paternalismus ist das Rechtssystem.

Wie Nudges funktionieren

Die ausführliche Auseinandersetzung damit, welche Arten von Nudges es gibt und wie sie funktionieren, ist zwar hoch interessant, würde den Rahmen dieser Arbeit allerdings deutlich sprengen. Deshalb beschränke ich mich hier auf eine tabellarische Übersicht. In der Tabelle sind zehn sehr wirksame Mechanismen von Nudges aufgeführt, wenn nicht die wirksamsten.

Voreinstellungen	Solange keine aktive Entscheidung dagegen getroffen wird, gilt die Voreinstellung.
Vereinfachung	Komplexität kann Verwirrung schaffen und Entscheidungen verhindern. Programme sollen einfach und intuitiv verständlich sein.

Soziale Normen	Unterstreichen, dass das erwünschte Verhalten bereits von einer Mehrheit relevanter Vergleichsgruppen umgesetzt wird. (Nähe zählt!)
Erhöhung der Bequemlichkeit und Einfachheit	Individuen entscheiden sich oft für den einfachsten Weg. Um ein gewünschtes Verhalten zu erzielen, sollte dieses erleichtert werden
Offenlegung	Effektiv für Konsumenten, um sachkundige Entscheidungen zu treffen. Erfordert verständliche und leicht zugängliche Information.
Grafische o.a. Warnungen	Grafische Elemente, Größe, Farbe können Aufmerksamkeit erregen und erhöhen
Strategien der Selbstbindung	Menschen erreichen ihre Ziele besser, wenn sie sich selbst binden und die Ziele (in der Gruppe) öffentlich machen.
Erinnerungen	Kleine Erinnerungen können zum Handeln anregen

Durchführungswillen bekennen	Individuen handeln eher, wenn sie nach ihrer Handlungs- intention gefragt und dadurch an diese erinnert werden.
Information über Konsequenzen früherer Entscheidungen	Institutionen verfügen über persönliche Daten und damit Informationen über vergangene Entscheidungen. Das Offenlegen dieser Entscheidungen kann helfen, aus diesen zu lernen und aktuelle Entscheidungen zu verbessern.

(nach Reisch, Sandrini 2015: 28f.)

Betrachtet man diese Funktionsweisen, so lässt sich unschwer erkennen, dass sie im täglichen Leben in einem hohen Maße wirken, und zwar in vielen, wenn nicht allen Lebensbereichen. Es wird also ständig geschupst und gestoßen und das Treffen von Entscheidungen erfolgt zwar in gewisser Weise frei, doch nicht unbeeinflusst. Es bleibt an dieser Stelle noch anzufügen, dass die Theorie der Nudges seit ihren Ursprüngen weiterentwickelt wurde. Hier kann aber auf die im Zusammenhang stehenden Differenzierungen, wie kognitiver Systeme des intuitiven Typ1 und des reflektierten Typ2 (vgl. Sunstein 2014: 26ff), nicht weiter eingegangen werden.

Beispiele für politische Nudges

Kassenbelege als Lotterielose in China

Um Schwarzarbeit und Steuerhinterziehung zu reduzieren, kam man im chinesischen Finanzamt auf die Idee, auf die Rückseite von Kassenbelegen Lotterielose zu drucken. In einer Wirksamkeitsstudie ergab sich bei den Teilnehmern ein Anstieg der Gewerbesteuereinnahmen von ca. 17%. (Reisch, Sandrini 2015: 80f.). Das Konzept hat zum Beispiel in Portugal[3] und der Slowakei[4] Nachahmung gefunden. Auch für Griechenland sollen solche Maßnahmen im Gespräch sein. Da verwundert es nicht, wenn Thaler der EU-Kommission unter Bezugnahme auf die Griechenlandkrise den Aufbau einer Nudging-Unit als eigene Abteilung empfiehlt.[5]

---

[3] http://www.spiegel.de/wirtschaft/soziales/portugal-bekaempft-schattenwirtschaft-mit-kassenbon-lotto-a-952019.html (Letzter Besuch 29.03.2023)

[4] http://www.lotto.info/kassenbon-lotto-slowakei-soll-steuerbetrug-verhindern-1261.html (nicht mehr abrufbar am 29.03.2023)

[5] http://www.aktiencheck.de/news/Artikel-Griechenland_Krise_US_Oekonom_raet_EU_Kommission_Nudge_Einheit-6474939 (nicht mehr abrufbar am 29.03.2023)

„Print Green" an der Rutgers Universität

Dieser Nudge ist bereits seit 2007 dokumentiert und hat mittlerweile vielerorts Anwendung gefunden. Es geht dabei um die Voreinstellung von Druckern auf „doppelseitiges Drucken". Das Ziel ist natürlich das Einsparen von Papier und da die Einstellung seltener geändert wurde, gab es nachweisliche signifikante Effekte. (Reisch, Sandrini 2015: 103)

Vergleichsdarstellung und Stromkennzeichnung gemäß §§40, 42 Energiewirtschaftsgesetz

Beim Blick auf die Stromrechnung entdeckt man auf einer der vielen Seiten eine Darstellung mit den Durchschnittsverbräuchen von Vergleichsgruppen, die dem Verbraucher zeigt, wie weit sein Verhalten der Norm entspricht oder von ihr abweicht. Wer also sieht, dass der eigene Verbrauch deutlich über dem Schnitt liegt, wird dazu gestupst, sich Gedanken über die Ursachen zu machen und das Verhalten eventuell zu ändern. Ebenso findet sich in den Rechnungen eine Stromkennzeichnung, die anzeigt, aus welchem Energieträgermix sich der aktuelle Tarif zusammensetzt. Daneben finden sich beispielhaft Vergleiche mit dem Gesamtmix des Anbieters und/oder spezielle Tarife, die nur auf regenerative Energien setzen. Die Offenlegung und grafische Darstellung können hier dazu bewegen, in einen umweltfreundlicheren Tarif zu wechseln.

Es gibt jede Menge von Nudges, die immer wieder erwähnt werden und hier nur mit Schlagworten vorgestellt werden sollen: Das berühmte „Fliegenziel im Urinal", Voreinstellungen bei Programmen zur Altersvorsorge; kleinere Tellergrößen oder Verzicht auf Tabletts zur Vermeidung von Essensabfall; Voreinstellungen zur Organspende; Hinweise zur mehrmaligen Verwendung von Handtüchern in Hotels; Voreinstellung von Energieversorgern bei Anmeldung auf einen nachhaltigen Tarif (vgl. Reisch, Sandrini 2015 et al).

Die Probleme mit den Nudges

Je länger man sich mit dem Thema beschäftigt, desto mehr Nudges oder vielleicht auch nur vermeintliche Nudges lassen sich finden. Man könnte fast hinter allem und jedem, was in Richtung einer bestimmten Handlungsweise lenkt, eine Beeinflussung vermuten. Ist der Fakt, dass in den Fahrscheinautomaten der Münchner Tram ca. 50% der Münzen grundsätzlich durchfallen ein technisches Problem oder ist das ein Nudge, der die Fahrgäste dazu schubsen will, bargeldlos zu bezahlen?

Das deutet eines der Probleme mit den Nudges an, dessen sich Thaler und Sunstein sehr bewusst sind. Sie sind der Auffassung, dass Transparenz, neben der freien Wahl, eines der Kernelemente ist. Dies wird von ihnen in ihren diversen Schriften hervorgehoben, denn sonst kämen Nudges einer mehr oder minder *verdeckten Regulierung* gleich (Reisch, Sandrini 2015: 20). Allerdings bezieht sich die geforderte Transparenz hauptsächlich auf das Design und *nicht* auf das Ziel.

Thaler und Sunstein selbst schreiben in dem Absatz „Evil Nudgers and Bad Nudges" (Thaler, Sunstein 2009) davon, dass es bei den „Architekten" der Nudges zu Interessenkonflikten, Eigeninteressen, Lobbyeinflüssen etc. kommen kann und empfehlen hier entsprechende Regel- und Kontrollsysteme zu installieren (Thaler, Sunstein 2009: 242ff).

> „Aus der Tatsache, dass eine "neutrale" Politik unrealistisch ist und politische Instrumente im Allgemeinen das Verhalten der Bürger beeinflussen (wollen), ergibt sich eine besondere Verantwortung politischer Akteure, die Auswirkung ihrer anvisierten Maßnahmen kritisch zu überdenken und zu prüfen. Dabei steht die Verfassungskonformität einer neuen Maßnahme an oberster Stelle. Lenkungsnormen, also steuerliche Vorschriften mit primärem Lenkungscharakter, sind beispielsweise nur dann verfassungskonform, wenn sie zum einen zwecktauglich sind, also geeignet, um das gesetzgeberische Ziel zu erreichen, und zum anderen dem Lenkungsziel ein verfassungsrechtlich bedeutsamer Stellenwert zukommt. Generell

gesprochen bedarf es also bezüglich der Einschränkung von Freiheits- und Grundrechten einzelner Bürger auf Grund von Regierungsmaßnahmen einer Prüfung nach dem Grundsatz der Verhältnismäßigkeit, also der sorgfältigen Abwägung der Rechte Einzelner gegenüber den Rechten Dritter oder dem Wohl der Allgemeinheit." (Vodafone 2014: 24)

So die Meinung des regierungsberatenden Think-Tanks der Vodafone Stiftung auch zu Nudges. Die Frage, ob es dem Staat erlaubt ist, Eingriffe vorzunehmen, die auf den wissenschaftlichen Erkenntnissen zum menschlichen Verhalten beruhen, kann komplex und kontrovers diskutiert werden, was ebenso auf konventionelle Regierungsinstrumente zutrifft (vgl. Vodafone 2014: 25).

Verhältnis zwischen Regierenden und Regierten

Um die Rolle des Nudging im politischen Handeln einzuordnen, ist es hilfreich, sich einige Gedanken über das Verhältnis von Regierenden und Regierten zu machen. Schwierig genug wäre es, könnte man sich darauf beschränken, nur die Praktiken zwischen Staat und Individuen zu betrachten. Foucault stellt fest, dass wir es jedoch mit einer ganzen Reihe von Regierungen und zugehörigen Praktiken zu tun haben. Als Beispiele nennt er beispielsweise den Familienvater, den Vorsteher eines Klosters, Pädagogen und Lehrer. Diese Regierungen verortet er innerhalb der Gesellschaft und des Staates, was es erlaubt, von einer Pluralität der Regierungsformen und einer Immanenz der Regierungspraktiken in der Relation zu Staat zu sprechen. Damit unterscheidet sich der moderne Staat deutlich von der Form, die den Fürsten im Sinne von Machiavelli ins Zentrum des Regierens stellt (Foucault 2014: 141f.).

Zu sehr ähnlichen Schlüssen kommt Habermas, wenn er feststellt, dass moderne Gesellschaften auf die Anhäufung von Steuerungsfunktionen in einer einzigen Organisation verzichten. Die Praktiken sind auf verschiedene Systeme verteilt und teilweise entpolitisiert und in nicht-staatliche Untersysteme ausgelagert (Habermas 2014: 255). Zur Veranschaulichung kann man für die Bundesrepublik Deutschland die föderale Struktur anführen oder auch die Tarifautonomie zwischen Arbeitgebern und Arbeitnehmern. Ein anderes Beispiel ist der TÜV in allen seinen Variationen, der gefühlt für Verkehrs- und Betriebssicherheit aller Art im Lande zuständig zu sein scheint. Nun gibt der Staat Funktionen nicht nur an Systeme innerhalb seiner selbst ab, sondern der Staat ist wiederum Teil eines Systems; im konkreten Fall meint dies die europäische Union. Zürn sieht in den parallel stattfindenden Prozessen der Integration und der Fragmentierung eine neuerliche Krise des Regierens (Zürn 1998: 55f.).

Zürn geht von dem demokratischen Wohlfahrtsstaat aus, der sich im Umfeld des gezähmten Wirtschaftsliberalismus mit den vier Regierungszielen (Sicherheit, Identität, Legitimation und soziale Wohlfahrt) durchaus erfolgreich entwickeln konnte. Er stellt weiter fest, dass die Schwierigkeit zu regieren mit den Zielvorstellungen komplexer Gesellschaften steigt, und wirksame Instrumente eine der Grundvoraussetzungen für erfolgreiches Regieren sind (Zürn 1998: 53f.). Diese Meinung spricht ebenso für „wirksames Regieren" mit Nudges.

So sieht auch Foucault den Wandel in der Vereinbarung zwischen Staat und Bevölkerung: Handelte es sich früher um eine Art Territorialvertrag (Innerhalb gesicherter Grenzen in Frieden leben), so ist der heutige Vertrag ein umfassender Sicherheitsvertrag, in dem der Staat Sicherheit in allen Lebenslagen (Unfall, Krankheit etc.) zu bieten hat (Foucault 2013a: 139f.). Hier erscheint der Kommentar angebracht, dass diese Verträge, gleich welche, bisher meist nur sehr eingeschränkt und über relativ kurze Zeiträume funktionieren und funktioniert haben. Ein Blick auf die aktuelle Nachrichtenlage und in die Geschichte genügt um dies als Theorie und nicht als gängige Praxis einzuordnen. Doch ist diese Theorie des Sicherheitsvertrages weiterhin interessant, da sie eine neue Anspruchshaltung an den Umgang des Staates mit seinen Bürgern begründet: Ein Rechtssystem, das auf Strafe je nach Tun und Unterlassung funktioniert, wird den Erfordernissen eines Staates nicht gerecht, der Sicherheit in allen Belangen garantiert. Es sind Maßnahmen nötig, die außerordentlichen oder außergesetzlichen Charakter haben, jedoch nicht den Anschein von Willkür oder Machtmissbrauch erwecken dürfen. Der Staat zeigt gegenüber dem Bürger stets sein fürsorgliches Gesicht. Diese Form der Macht entwickelt sich weiter (Foucault 2013a: 140). Und es ist offenkundig: Wären die Nudges noch nicht erfunden, es wäre allerhöchste Zeit für dieses „sanfte" Regierungsinstrument.

Mit dem Begriff der Gouvernementalität versucht Foucault subtile Steuerungs- und Regierungsmechanismen zu analysieren und legt dabei ein weit gefasstes Konzept der Regierung sowohl als Totalisierungs-, wie auch als Individualisierungsinstanz zugrunde (Gertenbach 2010: 23). Für die folgenden Gedanken wird der Begriff des Neoliberalismus aufgegriffen, wohl wissend, dass es hierfür verschiedene Ausprägungen gibt. Dennoch ist dieser Exkurs wichtig, gerade im Hinblick auf den, von den Erfindern der Nudges geprägten „libertären Paternalismus".

Im Gegensatz zum klassischen Liberalismus kennzeichnet sich eine neoliberale Gouvernementalität durch Prinzipien wie das der „unsichtbaren Hand" oder des „Unternehmers seiner selbst". Konzeptionen, die auf den rational handelnden Menschen, den „homo oeconomicus", hinauslaufen (Gertenbach 2010: 117). Dass der Mensch eben nicht rein vernünftig handelt und entscheidet, ist die Grundlage für den verhaltensökonomischen Ansatz der Nudger und prinzipiell ziemlich unstrittig. Für den Neoliberalismus ergibt sich aber aus dieser „menschlichen Unzulänglichkeit" ein Problem: Er kann den Selbststeuerungsmechanismen nicht unbedingt vertrauen und auch nicht direkt intervenieren, hat jedoch stets Sorge um das Funktionieren des Marktes und installiert daher über den Staat eine aktive Gouvernementalität der permanenten Wachsamkeit (Gertenbach 2010: 81).

Wenn nun eine Methode der neoliberalen Gouvernementalität die indirekte Einflussnahme ist, so verlangt dies nach resonanzfähigen, rationalisierbaren Subjekten. Anders ausgedrückt: Die Bürger müssen für eine indirekte Ansprache empfänglich sein. Ein Hilfsmittel dazu ist die gesellschaftliche Norm. Sie hat eine dermaßen wirksame Bedeutung, dass sich die neoliberale Gouvernementalität in einem ständigen Prozess der Produktion von Norm befinden muss. (Gertenbach 2010: 125).

Für Foucault greift der moderne westliche Staat eine alte Machttechnik christlicher Institutionen auf, die er als Pastoralmacht bezeichnet und durch vier Merkmale kennzeichnet: Die Macht soll das Seelenheil im Jenseits absichern; Bereitschaft des Machtinhabers (Hirten) sich für Leben und Seelenheil der Herde zu opfern; lebenslängliches Kümmern um den Einzelnen; kennt das Bewusstsein des Einzelnen und kann es lenken (Foucault 2013a: 247). Der Punkt mit dem Jenseits spielt im Allgemeinen in der Politik keine so herausragende Rolle. Trotz der Tatsache, dass zwei der ranghöchsten Staatsämter im Deutschland des Jahres 2015 von Personen mit klerikalem Hintergrund bekleidet werden, bleibt die Hirtenrolle auf das Diesseitige beschränkt. Zweifel sind an der persönlichen Opferbereitschaft von Politikern oder Machtinhabern angebracht, da dieses Phänomen in der Praxis eher weniger zu beobachten ist. Deshalb beschreibt der Begriff des *Paternalismus* die heutige Situation meist treffender als der pastorale Gedanke. Was aber für den Absicherungsstaat bleibt, ist das Bestreben nach Lenkung des Lebens der Subjekte von der Wiege bis zur Bahre und die Attitüde „Der Hirte weiß, was für dich gut ist".

Auf dem Weg, den der Staat geht, um seinem Auftrag gerecht zu werden, beschreibt Norbert Elias eine „eigentümliche Doppelfunktion": Einerseits werden die Verschiedenheiten der Menschen eingeebnet und aus Persönlichkeiten werden Nummern. Die Menschen werden in ein Regelsystem eingebunden, das mehr oder weniger für alle Bürger gleich ist und als den Bezugspunkt den Einzelnen hat und nicht vorstaatliche Integrationsformen wie z. B. Familienverbände. So treibt der Staat den Prozess der Massenindividualisierung voran (Elias 2003: 242). Das ist insofern folgerichtig, da auch der moderne Absicherungsstaat seine Macht ausüben muss, um sicherzustellen, dass er die Kontrolle behält. Foucault glaubt, dass hier die Individualität eine große Rolle spielt: „Ich würde […] sagen, dass unsere Individualität, die vorgeschriebene Identität eines jeden, Effekt und Instrument der Macht ist, und was die Macht am meisten fürchtet, ist die Kraft und die Gewalt von Gruppen." (Foucault 2013a: 72).

Die Individualisierung der Massen macht es für den Staat nicht unbedingt leichter, die Kontrolle zu behalten. Zwar stecken die Absicherungs-gesellschaften einen weiteren Rahmen, in dem differierende oder gar konträre Verhaltensweisen toleriert werden ab, als totalitäre Systeme. Ungeachtet des erweiterten Spielraums bleibt es bei der Berufung des Staates, letztlich alles genau zu kontrollieren und zu bestimmen, was als Gefahr zu gelten hat (Foucault 2013a: 141).

Wie kann nun die Macht innerhalb der individualisierten Gesellschaft ausgeübt werden? Machtbeziehungen lassen sich erklären als Handlungen der Regierenden, die das Handeln der Regierten beeinflussen. Im Gegensatz hierzu stehen Gewaltbeziehungen, deren Charakter es ist, unmittelbar auf Körper und Dinge einzuwirken und praktisch keine anderen Handlungsoptionen

zuzulassen. Bei einem Verständnis von Machtbeziehungen mit den Regierten als handelnde
Subjekte ergibt sich ein breites Spektrum an
alternativen Antworten, Reaktionen und Wirkungen
(Foucault 2013a: 255).

Von Normen, Common-Sense und Geschmack

Es wurde bereits angesprochen, dass die gesellschaftlichen Normen für die neoliberale Gouvernementalität und auch für den Absicherungsstaat notwendige Arbeitsgrundlagen sind. Vereinfacht soll der Begriff Norm hier für ein „vorformuliertes Ideal zur Messung von Abweichungen und zur Anordnung von Subjekten" (Gertenbach 2010: 152) verwendet werden. Foucault spricht davon, dass die Normalisierungs-macht zwar auf die Homogenität hinwirkt, jedoch durch die Feststellung der Abweichungen von der Normalität gleichzeitig eine individualisierende Funktion hat. Normen wirken klassifizierend, hierarchisierend und rangordnend (Foucault 2013b: 889f.). Etwas widersprüchlich erscheint das Verhältnis der neoliberalen Gouvernementalität zur Norm. Weder kehrt sie sich in ihrer Praxis von einer normorientierten Praxis ab, noch pflegt sie einen disziplinären, dirigistischen Umgang mit der Normierung (Gertenbach 2010: 156). Festzuhalten bleibt jedenfalls, dass auch der Absicherungsstaat mit Normen arbeitet und damit einher geht die Frage, wie Normen beschaffen sein sollen.

Eine Kunst bei der Schaffung von politischen Normen ist es, eine breite Akzeptanz sicherzustellen. Dies fällt etwas leichter, wenn die Normen dem nahe kommen, was gemeinhin als „gesunder Menschenverstand" oder „Common-Sense" bezeichnet wird. Unter dem Gebrauch des Common-Sense verstehen wir dabei, dass jemand seine Sinne und Fähigkeiten sinnvoll, intelligent, auffassungsfähig, reflektiv einsetzt und so Alltagskompetenz zeigt. Das Fehlen von Common-Sense ist deshalb noch kein geistiger Mangel, sondern zeigt, dass jemand Schwierigkeiten bei der Bewältigung von Alltagsproblem hat (Geertz 1987: 264).

Ganz so einfach ist die Geschichte mit dem Common-Sense dann allerdings wieder nicht. Menschen müssen aus den Erfahrungen des Lebens nicht zwangsläufig die identischen Schlüsse ziehen und so ist der Common-Sense ein kulturelles

System, das nicht immer und überall zu den gleichen Ergebnissen kommt und ebenso veränderbar ist (Geertz 1987: 265ff.). Anders ausgedrückt: Es gibt nicht nur einen Common-Sense.

Fragt man nach den Eigenschaften des Common-Sense, so könnten Worte fallen wie „Natürlichkeit", „Praktischheit", „Dünnheit", „Unmethodischheit" und „Zugänglichkeit" und die Dinge bekommen einen Anflug von Selbstverständlichkeit indem ihnen Attribute in der Form von „wie denn sonst" oder „versteht sich" zugeschrieben werden (Geertz 1987: 277). Geertz beschreibt den Common-Sense auch als „schamloses und vorbehaltloses ad-hoc-Wissen", das sich in Epigrammen, Sprichwörtern, Witzen, Aphorismen und dergleichen Formen zeigt (Geertz 1987: 284). Klar dürfte damit sein, dass Auswahl-Architekten mit der Nähe der möglichen Optionen zu dem jeweiligen Common-Sense arbeiten und so zusätzlich die Präferenz für eine bevorzugte Lösung erhöhen können.

Dem Gedanken, dass es nicht nur einen Common-Sense geben kann und die Frage, ob Nudges denn für alle Schichten und Milieus in der Bevölkerung wirken, möchte ich mit Bourdieu ein wenig nachgehen, denn Nudges haben auch etwas mit dem Geschmack zu tun. Dabei kann das Thema von zwei Seiten beleuchtet werden: Der produzierenden Seite und der konsumierenden Seite. Wir können auch bei dieser Betrachtung ein Normensystem zugrunde legen, das Rangordnungen festlegt und eng mit der gesellschaftlichen Hierarchie verbunden ist. (Bourdieu 2014: 362ff.). „Seinem Geschmack folgen heißt, die Güter orten, die der eigenen sozialen Position objektiv zugeordnet sind […]" (Bourdieu 2014: 366).

Werden den weniger privilegierten Schichten beispielsweise Nudges präsentiert, die vor gesundheitlichen Risiken durch mangelnde Bewegung und unbedachte Ernährung schützen sollen, so sind für die Mittelschicht eher Nudges wirksam, die auf nachhaltigen Konsum und private

Altersvorsorge zielen, da die gesetzten Ziele der unteren Schichten hier bereits erreicht sind. Für die privilegiertesten Klassen haben wiederum die Ziele der mittleren Schichten nur noch Distinktionswert und dürfen daher nicht einmal verfolgt werden (vgl. Bourdieu 2014: 383). Um es an dem Beispiel der Altersvorsorge etwas näher zu erläutern: Ein Nudge, der zu einer bestimmten Art der privaten versicherungsartigen Altersvorsorge animiert, wird höchstwahrscheinlich nur in einer bestimmten Zielgruppe wirken. Für Beamte gelten ohnehin abweichende Spielregeln, für Personen in prekären Beschäftigungsverhältnissen oder solchen, die von vornherein auf eine staatliche Grundsicherung angewiesen sind, stellt sich das Thema grundsätzlich nicht und für die oberen Schichten ist ein Nudge für eine solche Form vermutlich mangels Rendite indiskutabel. Es gilt auch die Fälle zu berücksichtigen, in denen sich Individuen bewusst gegen einen Nudge und damit gegen die Norm entscheiden, allein der Distinktion willen. Beispiele finden sich im Bereich der Ernährung, wo hinsichtlich der Leitlinien gesunder und nachhaltiger Ernährung in der Gesellschaft leidenschaftlich gerungen wird (Stichwort „Veggie-Day"). Dahinter steht, sicher neben anderen Aspekten, oft die Demonstration des Rechts auf die eigene (Fehl-) Entscheidung, auch wenn sie objektiv fraglich und für einen selbst sogar schädlich ist.

Ungezwungenes Verhalten wird positiv gewertet und anerkannt, weil es ein Ausdruck von Ungebundenheit gegenüber sozialen Zwängen ist, wohingegen die niedrigeren Schichten an die Zwänge gebunden sind (Bourdieu 2014: 397). Dadurch, dass sie den Anschein der freien Entscheidung vermitteln, können die Nudges das Verhalten lenken, ohne dass ein Zwang spürbar wird und die handelnden Subjekte möglicherweise sogar davon überzeugt sind, dass sie der Autorität die Stirn zeigen.

Schlussgedanken

In den vorangegangenen Seiten konnte dieses umfassende Thema der Nudges nur kurz angerissen werden, um einige Facetten ihrer Wirkweisen und ihre Einordnungen im Umfeld der Verteilung und Ausübung von Machtverhältnissen zu beleuchten. Etwas völlig Neues ist die Methode der verhaltensbasierten Ökonomie tatsächlich nicht. Bewusst oder unbewusst wurde sie sicherlich schon früher auch in der politischen Arbeit angewendet, nur gab es dafür die entsprechenden Bezeichnungen noch nicht. Dass es jetzt einen gewissen Hype um das Instrument und eine erhöhte Aufmerksamkeit gibt, ist dennoch nicht überflüssig. Selbst wenn die Nudges in den allgemein genannten Beispielen harmlos und einvernehmlich in ihrer Wirkungsweise scheinen, bergen sie doch ein hohes Potenzial zur Manipulation. Damit tauchen dann die Probleme zwischen Regierenden und Regierten auf und hohe Transparenz erscheint tatsächlich geboten, da Nudges eben doch sehr tief in den Alltag der Individuen eingreifen und sich dort verwurzeln. Wenngleich das Instrument für die regierten Subjekte angenehm zu erdulden ist und der Umgang damit aus der Marketing- und Konsumwelt bereits gelernt ist, muss es trotzdem ständig auf seine Legitimation und Wirkung hinterfragt werden. Hier warten Forschungsthemen auf ihre Bearbeitung, die sich damit beschäftigen, wie es denn in der Realität um die Transparenz bestellt ist, die ja so grundlegend für Nudges ist.

Allem Anschein nach passt dieses Instrument sehr gut zu den Absicherungsstaaten in der heutigen westlichen Welt. Was in der kurzen Arbeit leider nicht angesprochen werden konnte, sind die künftigen Potenziale für eine gewaltige Menge von Nudges, die sich durch „Big Data" und das „Internet der Dinge" ergeben. In dem Zusammenhang muss noch das sogenannte „Self Tracking" erwähnt werden, also das Messen der eigenen Körperdaten mit Apps und Smartphones/-watches oder anderen Devices mit oder ohne direkte Information der Krankenkasse und von Versicherungen. Die in unvorstellbaren Mengen anfallenden Daten aus

allen Lebensbereichen bilden einen unerschöpf-
lichen Pool für Nudges aller Art und was dabei
vermutlich immer schwieriger wird, ist die
Unterscheidung zwischen staatlicher Fürsorge und
wirtschaftlichen Interessen. Zu einer Bewertung der
vielfältigen Möglichkeiten und den damit
verbundenen Chancen und Risiken kann eine
interdisziplinäre Forschung ihren Anteil liefern.

Berücksichtigt man die gestiegene Bereitschaft der
Individuen zur Weitergabe persönlicher Daten, gibt
es auch nach der intensiveren Beschäftigung mit
dem Thema und seiner Einbettung in Theorie und
Praxis keinen Anlass, das Instrument der Nudges zu
verteufeln und grundsätzlich in Frage zu stellen.
Warum auch? Die Regierten auf sanfte Weise zu
einem individuell und gemeinschaftlich förderlichen
Verhalten zu lenken, ist mit Sicherheit angenehmer,
als durch Strafen und Sanktionen gezwungen zu
werden.

Literaturverzeichnis

Bourdieu, Pierre. 2014. Die feinen Unterschiede: Kritik der gesellschaftlichen Urteilskraft. Frankfurt/Main.

Elias, Norbert. 2003. Die Gesellschaft der Individuen. Frankfurt/Main.

Foucault, Michel. 2013a. Analytik der Macht. Daniel Defert und Francois Ewald (Hg.). Frankfurt/Main.

Foucault, Michel. 2013b. Überwachen und Strafen. In: Die Hauptwerke. Frankfurt/Main.

Foucault, Michel. 2014. Sicherheit, Territorium, Bevölkerung: Geschichte der Gouvernementalität I. Frankfurt/Main.

Geertz, Clifford. 1987. Dichte Beschreibung: Beiträge zum Verstehen kultureller Systeme. Frankfurt/Main.

Gertenbach, Lars. 2010. Die Kultivierung des Marktes: Foucault und die Gouvernementalität des Neoliberalismus. Berlin.

Habermas, Jürgen. 2014. Theorie des kommunikativen Handelns: Zu Kritik der funktionalistischen Vernunft. Band 2. Frankfurt/Main.

Heuser, Uwe Jean. 2008. Humanomics: Die Entdeckung des Menschen in der Wirtschaft. Frankfurt, New York.

Reisch, Lucia A., Julia Sandrini. 2015. Nudging in der Verbraucherpolitik: Ansätze verhaltensbasierter Regulierung. In: Micklitz Hans-W. (Hg.) Schriftenreihe des Instituts für Europäisches Wirtschafts- und Verbraucherrecht e.V. Band 36. Baden-Baden.

Sunstein, Cass R. 2014. Why Nudge? The Politics of Libertarian Paternalism. New Haven, London.

Thaler, Richard H., Cass R. Sunstein. 2009. Nudge: Improving Decisions About Health, Wealth, and Happiness. London.

Vodafone Stiftung Deutschland Gmbh (Hg.). 2014. Wirksamer Regieren. Düsseldorf. Downloadmöglichkeit über https://www.vodafone-stiftung.de/alle_publikationen.html letzter Besuch 21.08.2015.

Zürn, Michael. 1998. Regieren jenseits des Nationalstaates. Frankfurt/Main.

Autorenporträt

Peter Höfl ist freiberuflicher Berater aus München. Er lebt und arbeitet heute im Lkr. Freyung-Grafenau im Bayerischen Wald.

Studiert hat er BWL/Tourismus, Geografie, Public Health und hält einen B.A. in Europäischer Ethnologie mit Sprache, Literatur, Kultur.

Berufliche Stationen sind u.a. Zeitsoldat. Teamleiter einer Notrufzentrale, Personalleiter, Vice President Operations, GmbH-Geschäftsführer, Mitinhaber eines Reisebüros und ehrenamtlicher Richter.

Höfl widmet sich seit vielen Jahren der Optimierung von Dienstleistungen in zahlreichen Branchen und namhaften Unternehmen. Kernthemen sind Unternehmenskultur, Servicekultur und betriebliche Trennungskultur.

ebenfalls von Peter Höfl erschienen:

"Ist das ein Kunde oder ein Täter?"

Ein Ratgeber für den Umgang mit aggressiven Kunden

ISBN 978-3-756-81959-1
Taschenbuch 174 Seiten, 14,99 EUR / eBook 7,99 EUR

Der Ton in unserer Gesellschaft ist in den letzten Jahren härter geworden. Eine Tatsache ist, dass besonders Beschäftigte mit direktem Kundenkontakt dieses raue Klima zu spüren bekommen.

Besser telefonieren im Homeoffice und im Betrieb

ISBN 978-3-753-47900-2, 2. Auflage

Taschenbuch 320 Seiten 18,99 EUR / eBook 8,99 EUR

Von nichts kommt nichts! Deshalb möchte dieser

Ratgeber in komprimierter, einfach lesbarer und

praxisbezogener Form die Faktoren vorstellen, die

für eine gute und professionelle telefonische

Servicequalität wichtig sind.

Peter Hoefl
servicekultur.eu

Unter der Bezeichnung *„servicekultur.eu"*
unterstütze ich Sie mit freiberuflichen Leistungen:

Coaching und Training

Ihre Kunden machen es Ihnen nicht immer einfach?
Immer öfter stehen Ihre Mitarbeiter persönlich oder
telefonisch aggressiven Kunden gegenüber. Solche
Situation sind belastend, verursachen auf Dauer
Fehlzeiten und Fluktuation. Mit passenden
Workshops unterstütze ich gern bei der
Vorbereitung der Mitarbeiter auf derartige
Vorkommnisse.

Es gibt es sehr viele Dinge, die sich in Workshops
oder in diskreten Einzelcoachings besprechen und
meist auch verbessern lassen. Sprechen Sie mich
gerne an, damit wir nach einer Lösung für Ihren
spezifischen Bedarf suchen.

Servicekultur

Mystery-Calls bilden seit fast zwei Jahrzehnten den soliden Kern meiner selbständigen Tätigkeit. Rund um diese Dienstleistung und das übergreifende Thema Servicekultur und Servicequalität haben sich Angebote entwickelt, für die ich Ihnen zur Verfügung stehe. Bitte fragen Sie nach.

Unternehmenskultur

Hohe Krankheitsquoten und Fluktuation kosten eine Menge Geld und stellen HR-Abteilungen vor die Aufgabe auf knappen Arbeitsmärkten neues Personal teuer zu beschaffen. Was tun, wenn die gut gemeinten Aktivitäten und Obstkörbe nicht greifen?

In vielen Betrieben gibt es (Sub-)Kulturen, z. B. eine Angstkultur. Spätestens wenn Diskriminierungen, Rassismus, Sexismus, Mobbing im Spiel sind, wird es mit internen betrieblichen Mitteln schwierig, den Dingen auf den Grund zu gehen. Aus neutraler externer Perspektive kann ich meine Hilfe anbieten.

Betriebliche Trennungskultur

Es gibt viele Arten von Trennungen: Kündigungen, Versetzung, Beförderung oder landen auf dem Abstellgleis. Menschen gehen in Mutterschutz, Elternzeit oder in den Ruhestand. Krankheit und Tod; Schließung, Verlagerung, Verkauf der Firma.

Das Management von Trennungen ist eine Notwendigkeit aufgrund der Auswirkungen auf die Zukunft des Unternehmens und der Mitarbeitenden. Zur Bewältigung dieser Herausforderungen biete ich Unterstützung an.

Kontakt

Postfach 11 20

D-94475 Grafenau

Tel.:   +49 8552 9748279

Mail: info@servicekultur.eu

Web: https://servicekultur.eu/